TABLE OF CONTE[NTS]

Στην Τάξη
Stin Táxi
(In the Classroom)

Γύρω από το Σπίτι
Gýro apó to Spíti
(Around the House)

Μέρες της Εβδομάδας
Méres tis Evdomádas
(Days of the Week)

Ταξίδια και Μετακίνηση
Taxídia kai Metakínisi
(Travel and Transportation)

Γενέθλια και Γιορτές
Genéthlia kai Giortés
(Birthdays and Holidays)

Χαιρετισμοί
Chairetismoí
(Greetings and Introductions)

Γεια σας!
Geia sas!
(HeLLo!)

Καλημέρα!
KaLiméra!
(Good Morning)

Καλησπέρα!
KaLispéra!
(Good Afternoon)

Καλησπέρα!
KaLispéra!
(Good evening!)

Καληνύχτα!
KaLinýchta
(Good night)

Τι κάνεις
Ti káneis
(How are you?)

Είμαι καλά, ευχαριστώ.

Eímai kaLá, efcharistó.

(I'm doing weLL, thank you.)

Χάρηκα για τη γνωριμία.

Chárika gia ti gnorimía.

(Nice to meet you)

Με λένε Μαρία.

Me Léne María.

(My name is Maria.)

Πώς σε λένε;

Pós se Léne?

(What's your name?)

Είμαι δεκαοκτώ χρονών.

Eímai dekaoktó chronón.

(I'm 18 years oLd.)

Πόσο χρονών είσαι;

Póso chronón eísai?

(How oLd are you?)

Από πού είσαι

Apó poú eísai?

(Where are you from?)

Είμαι από την Αθήνα/Ελλάδα.

Eímai apó tin Athína/ELLáda.

(I'm from [Athens/Greece])

Χαίρομαι που σε ξαναβλέπω!

Chaíromai pou se xanavLépo!

(It's great to see you again!)

Τι σου αρέσει να κάνεις για διασκέδαση

Ti sou arései na káneis gia diaskédasi?

(What do you Like to do for fun?)

Έχω έναν/μία αδελφό/αδελφή.

Écho énan/mía adeLfó/adeLfí.

(I have a brother/sister)

Έχεις αδέρφια

Écheis adérfia?

(Do you have any sibLings?)

Οικογένεια και Φίλοι
Oikogéneia kai Fíloi
(Family and Friends)

Αυτή είναι η οικογένειά μου.
Aftí eínai i oikogéneiá mou.
(This is my Family)

Έχω έναν/μία αδελφό/αδελφή.
Écho énan/mía adelfó/adelfí.
(I have a brother/sister)

Το όνομα του αδερφού/της αδελφής μου είναι Γιώργος/Άννα.
To ónoma tou aderfoú/tis adelfís mou eínai Giórgos/Ánna.
(My brother's/sister's name is George/Anna.)

Είμαι μοναχοπαίδι.
Eímai monachopaídi.
(I'm an only child)

Το όνομα της μαμάς μου είναι Γεωργία.
To ónoma tis mamás mou eínai Georgía.
(My mom's name is Georgia)

Το όνομα του πατέρα μου είναι Κώστας.
To ónoma tou patéra mou eínai Kóstas
(My dad's name is kostas)

Έχω τρία ξαδέρφια

Écho tría xadérfia.

(I have three Cousins)

Οι παππούδες μου λέγονται Ελένη και Νίκος.

Oi pappoúdes mou Légontai ELéni kai Níkos.

(My grandparents are ELeni and Nikos)

Έχεις αδέρφια

Écheis adérfia?

(Do you have any sibLings?)

Πώς ονομάζονται τα αδέρφια σου

Pós onomázontai ta adérfia sou?

(What are your sibLings's name?)

Μίλησέ μου για την οικογένειά σου.

MíLisé mou gia tin oikogéneiá sou.

(TeLL me about your famiLy)

Το όνομα του καλύτερου μου φίλου είναι Μάριος.

Το όnoma tou kaLýterou mou fíLou éinai Mários.

(My best friend's name is Marios)

Μας αρέσει να παίζουμε παρέα.
Mas arései na paízoume paréa.
(We Like to pLay together)

Πηγαίνουμε στο ίδιο σχολείο.
Pigaínoume sto ídio schoLeío.
(We go to the same schooL.)

Πόσους φίλους έχεις
Pósous fíLous écheis?
(How many friends do you have?)

Τι αρέσει στους φίλους σου να
κάνουν
Ti arései stous fíLous sou na kánoun?
(What do your friends Like to do?)

Έχω ένα κατοικίδιο σκύλο.
Écho éna katoikídio skýLo.
(I have a pet dog)

Το όνομα του κατοικίδιου μου
είναι Ντόλι
To ónoma tou katoikídiou mou eínai NtóLi.
(My pet's name is DoLLy)

Αριθμοί και Χρώματα
Arithmoí kai Chrómata
(Numbers and Colors)

❶ ❷ ❸
❹ ❺ ❻
❼ ❽ ❾

Μπορώ να μετρήσω από το ένα έως το δέκα

Boró na metríso apó to éna éos to déka

(I can count from one to ten)

Υπάρχουν πέντε μήλα στο καλάθι.

Ypárchoun pénte míla sto kaláthi.

(There are five apples in the basket)

Έχω δύο αδέρφια και μια αδερφή.

Écho dýo adérfia kai mia aderfí.

(I have two brothers and one sister)

Ο αγαπημένος μου αριθμός είναι το εφτά.

O agapiménos mou arithmós eínai to eftá.

(My favorite number is seven)

Είμαι τριάντα δύο χρονών.

Eímai triánta dýo chronón.

(I am two years old)

Η εβδομάδα έχει εφτά ημέρες.

I evdomáda échei eftá iméres.

(There are seven days in a week)

Ο μήνας έχει δώδεκα μήνες.

O mínas échei dódeka mínes.

(There are Twelve months in a year)

Η οικογένειά μου έχει τέσσερα μέλη.

I oikogéneiá mou échei téssera méli.

(There are four people in my family)

Μπορώ να μετρήσω μέχρι το είκοσι.

Boró na metríso méchri to eíkosi.

(I can count to twenty)

Πόσα παιχνίδια έχεις

Pósa paichnídia écheis?

(How many toys do u have?)

Το αγαπημένο μου χρώμα είναι το μωβ.

To agapiméno mou chróma eínai to mov.

(My Favorite color is Purple)

Ο ουρανός είναι μπλε.

O ouranós eínai ble.

(The sky is blue)

Ο ήλιος είναι κίτρινος.

Ο ílios éinai kítrinos.

(The sun is yellow)

Το γρασίδι είναι πράσινο.

Το grasídi éinai prásino.

(The grass is green)

Τα τριαντάφυλλα μπορεί να είναι κόκκινα, ροζ ή λευκά.

Τα triantáfylla boreí na éinai kókkina, roz í Lefká.

(Roses can be red, pink or White)

Τα πορτοκάλια είναι πορτοκαλί.

Τα portokáLia éinai portokaLí.

(Oranges is orange)

Το στοπ είναι κόκκινο.

Το stop éinai kókkino.

(The stop sign is red)

Τι χρώμα είναι η μπλούζα σου;

Τi chróma éinai i bLoúza sou?

(What color is your shirt?)

Ξυπνάω το πρωί.
Xypnáo to proí.
(I wake up in the morning)

Βουρτσίζω τα δόντια μου κάθε μέρα.
Vourtsízo ta dóntia mou káthe méra.
(I brush my teeth everyday)

Ντύνομαι για το σχολείο.
Ntýnomai gia to scholeío.
(I get dressed for school)

Τρώω πρωινό πριν φύγω.
Tróo proinó prin fýgo
(I eat breakfast before i leave)

Πηγαίνω στο σχολείο με το λεωφορείο.
Pigaíno sto scholeío me to leoforeío.
(I go to school by bus)

Κάνω τα μαθήματά μου μετά το σχολείο.
Káno ta mathímatá mou metá to scholeío.
(I do my homework after school)

Μου αρέσει να διαβάζω βιβλία.
Mou arései na diavázo vivLía.
(I Like to read books)

Παίζω με τους φίλους μου έξω.
Paízo me tous fíLous mou éxo.
(I pLay with my friends outside)

Βοηθάω τους γονείς μου στις δουλειές.
Voitháo tous goneís mou stis douLeiés.
(I heLp my parents with chores)

Βλέπω τηλεόραση ή παίζω
παιχνίδια το βράδυ.
VLépo tiLeórasi í paízo paichnídia to vrády.
(I watch or pLay games in the evening)

Τρώω βραδινό με την οικογένειά μου.
Tróo vradinó me tin oikogéneiá mou.
(I have dinner with my famiLy)

Κάνω ντους ή μπάνιο πριν κοιμηθώ.
Káno ntous í bánio prin koimithó.
(I take a shower or a bath before bed.)

Βουρτσίζω ξανά τα δόντια μου το βράδυ.
Vourtsízo xaná ta dóntia mou to vrády.
(I brush my teeth again at night)

Πέφτω για ύπνο νωρίς.
Péfto gia ýpno norís.
(I go to bed early.)

Τα Σαββατοκύριακα πηγαίνω στο πάρκο.
Τα Savvatokýriaka pigaíno sto párko.
(On weekends, I go to the park)

Κάνω ποδήλατο στη γειτονιά.
Káno podílato sti geitoniá.
(I ride my bike around the neighborhood)

Επισκέπτομαι τον παππού και τη
γιαγιά μου τις Κυριακές.
**Episképtomai ton pappoú kai ti giagiá
mou tis Kyriakés.**
(I visit my grandparents on sundays)

Πάω για ψώνια με τους γονείς μου.
Páo gia psónia me tous goneís mou.
(I go shopping with my parents)

Σχολείο και Χόμπι

SchoLeío kai Chómpi
(SchooL and Hobbies)

Πηγαίνω στο τρίτο Γυμνάσιο.

Pigaíno sto tríto Gymnásio.

(I go to the third high schooL)

Το αγαπημένο μου μάθημα είναι η Ιστορία.

To agapiméno mou máthima eínai i Istoría.

(My favorite subject is history)

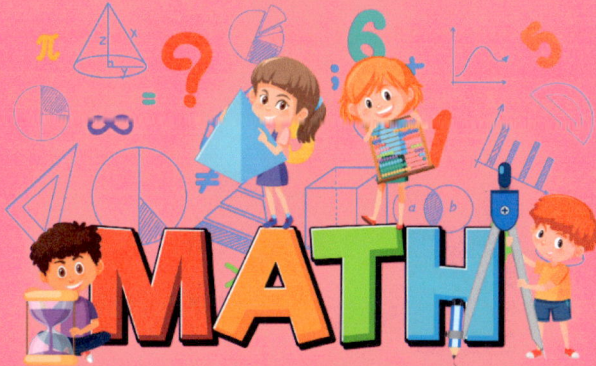

Μου αρέσει να μαθαίνω Μαθηματικά.

Mou arései na mathaíno Mathimatiká.

(I Like to Learn Maths)

Το όνομα του δασκάλου μου είναι Μιχάλης.

To ónoma tou daskáLou mou eínai MicháLis.

(My teacher name is MichaLis)

Έχω μαθηματικά, φυσική και αγγλικά.

Écho mathimatiká, fysikí kai angLiká.

(I have maths, physics and engLish cLasses.)

Μου αρέσει να διαβάζω και να γράφω.

Mou arései na diavázo kai na gráfo.

(I enjoy reading and writing)

Ποιο είναι το αγαπημένο σου μάθημα;
Poio éinai to agapiméno sou máthima?
(What is your favorite subject?)

Έχω μία εργασία για το σχολείο με θέμα την προστασία του περιβάλλοντος.

Écho mía ergasía gia to scholeío me théma tin prostasía tou perivállontos.

(I have an assignment for school on environmental protection)

Πρέπει να διαβάσω για το διαγώνισμα.
Prépei na diaváso gia to diagónisma.
(I have to study for the exam)

Έχω δεκαεπτά συμμαθητές στην τάξη μου.
Écho dekaeptá symmathités stin táxi mou.
(I have 17 classmates in my class)

Μου αρέσει να παίζω ποδόσφαιρο.
Mou arései na paízo podósfairo.
(I Like pLaying FootbaLL)

Το αγαπημένο μου χόμπι είναι η ζωγραφική.
Το agapiméno mou chómpi éinai i zografikí.
(My favorite hobby is painting)

Μου αρέσει να παίζω βιντεοπαιχνίδια.
Mou arései na paízo vinteopaichnídia.
(I enjoy pLaying video games)

Μου αρέσει να κάνω ποδήλατο.
Mou arései na káno podíLato.
(I Like to ride my CycLe)

Παίζω πιάνο ή κιθάρα.
Paízo piáno í kithára.
(I pLay the piano or guitar)

Κάνω μαθήματα χορού ή αθλήματα.
Káno mathímata choroú í athLímata.
(I'm in a dance or Sports cLasses)

Μου αρέσει να διαβάζω βιβλία ή κόμικς.
Mou arései na diavázo vivLía í kómiks.
(I Love to read books or comics)

Μου αρέσει να βλέπω ταινίες ή κινούμενα σχέδια.
Mou arései na vLépo tainíes í kinoúmena schédia.
(I enjoy watching movies or cartoons)

Φαγητό και Γεύματα
Fagitó kai Gévmata
(Food and Meals)

Τρώω πρωινό, μεσημεριανό και βραδινό.

Tróo proinó, mesimerianó kai vradinó.

(I eat breakfast, Lunch, and dinner)

Το αγαπημένο μου φαγητό είναι τα μακαρόνια.

To agapiméno mou fagitó éinai ta makarónia.

(My favorite food is spaghetti)

Μου αρέσει να τρώω φρούτα και λαχανικά.

Mou arései na tróo froúta kai Lachaniká.

(I Love to eat fruits and vegetables)

Μου αρέσει να πίνω γάλα ή χυμό.

Mou arései na píno gáLa í chymó.

(I Like to drink miLk or juice)

Ποιο είναι το αγαπημένο σου φαγητό?

Poio éinai to agapiméno sou fagitó?

(What's your favorite food?)

Δεν μου αρέσει το κουνουπίδι.

Den mou arései to kounoupídi.

(I dont Like cauLifLower)

Για πρωινό, συνήθως τρώω δημητριακά ή τοστ.

Gia proinó, syníthos tróo dimitriaká í tost.

(For breakfast, I usually have cereal or toast)

Φέρνω στο σχολείο για κολατσιό ένα σάντουιτς.

Férno sto scholeío gia kolatsió éna sántouits.

(I bring a sandwich to school for lunch)

Η μαμά/ο μπαμπάς μου μαγειρεύει το δείπνο για εμάς.

I mamá/o bampás mou mageirévei to deípno gia emás.

(My mom/dad cooks dinner for us)

Μερικές φορές τρώμε έξω σε εστιατόριο.

Merikés forés tróme éxo se estiatório.

(We sometimes eat out at a restaurent)

Μου αρέσει να τρώω πίτσα ή ζυμαρικά.

Mou arései na tróo pítsa í zymariká.

(I enjoy eating pizza or pasta)

Μου αρέσει να δοκιμάζω νέα φαγητά από διάφορες χώρες.

Mou arései na dokimázo néa fagitá apó diáfores chóres.

(I like to try new foods from different countries)

Είμαι γλυκατζής. Λατρεύω τα ζαχαρωτά και τη σοκολάτα.

Eímai glykatzís. Latrévo ta zacharotá kai ti sokoláta.

(I have a sweet tooth: I love candy and chocolate)

Προτιμάτε αλμυρά ή γλυκά σνακ;

Protimáte almyrá í glyká snak?

(Do you prefer salty or sweet snacks?)

Βοηθάω τους γονείς μου στο μαγείρεμα ή στο ψήσιμο.

Voitháo tous goneís mou sto mageírema í sto psísimo.

(I help my parents cook or bake)

Τρώω ένα υγιεινό σνακ μετά το σχολείο.

Tróo éna ygieinó snak metá to scholeío.

(I eat a healthy snack after school)

Το αγαπημένο μου φρούτο είναι το μανταρίνι.

To agapiméno mou froúto eínai to mantaríni.

(My favorite fruit is tangerine)

Μου αρέσει να πίνω νερό για να παραμένω ενυδατωμένη.

Mou arései na píno neró gia na paraméno enydatoméni.

(I like to drink water to stay hydrated.)

Συναισθήματα
Synaisthímata
(FeeLings and Emotions)

Είμαι χαρούμενος σήμερα.

Eímai charoúmenos símera.

(I'm happy today)

Είμαι λυπημένος γιατί μου λείπει ο φίλος μου.

Eímai Lypiménos giatí mou Leípei o fíLos mou.

(I'm sad because i miss my friend)

Είμαι ενθουσιασμένος για το Σαββατοκύριακο.

Eímai enthousiasménos gia to Savvatokýriako.

(I'm excited about the weekend)

Είμαι κουρασμένος μετά από μια κουραστική μέρα στο σχολείο.

Eímai kourasménos metá apó mia kourastikí méra sto schoLeío.

(I'm tired after a Long day at schooL)

Είμαι θυμωμένος γιατί έσπασε το παιχνίδι μου.

Eímai thymoménos giatí éspase to paichnídi mou.

(I'm angry because my toy broke)

Έχω μείνει έκπληκτος από το δώρο.

Écho meínei ékpLiktos apó to dóro.

(I'm surprised by the gift)

Φοβάμαι το σκοτάδι.
Fovámai to skotádi.
(I'm scared of the dark)

Ανησυχώ για το τεστ.
Anisychó gia to test.
(I'm worried about the test)

Βαριέμαι όταν δεν έχω τίποτα να κάνω.
Variémai ótan den écho típota na káno.
(I'm bored with nothing to do)

Είμαι περήφανος για τα επιτεύγματά μου.
Eímai perífanos gia ta epitévgmatá mou.
(I'm proud of my accompLishments)

Πώς νιώθετε σήμερα?
Pós nióthete símera?
(How are feeLing today?)

Γιατί είσαι λυπημένος?
Giatí eísai Lypiménos?
(Why are you sad?)

Τι σε κάνει χαρούμενο?

Ti se kánei charoúmeno?

(What makes you happy?)

Πώς μπορώ να σε βοηθήσω να νιώσεις καλύτερα?

Pós boró na se voithíso na nióseis kalýtera?

(How can i help you to feel better?)

Μου αρέσει να μοιράζομαι τα συναισθήματά μου με τους φίλους και την οικογένειά μου.

Mou arései na moirázomai ta synaisthímatá mou me tous fílous kai tin oikogéneiá mou.

(I like to share my feelings with my friends and family)

Όταν είμαι αναστατωμένη, μιλάω στη μαμά ή στον μπαμπά μου.

Ótan eímai anastatoméni, miláo sti mamá í ston bampá mou

(When i'm upset, i talk to my mom or dad)

Νιώθω καλύτερα όταν αγκαλιάζω το κατοικίδιο μου.

Niótho kalýtera ótan ankaliázo to katoikídio mou.

(I feel better when i hug my pet)

Νιώθω χαλαρός όταν ακούω μουσική.

Niótho chalarós ótan akoúo mousikí.

(I feel relaxed when i listen to music)

Καιρός και Εποχές
Kairós kai Epochés
(Weather and Seasons)

Ο καιρός είναι ηλιόλουστος σήμερα.

O kairós eínai iLióLoustos símera.

(The weather is sunny today)

Έξω βρέχει.

Éxo vréchei.

(It's raining outside.)

Χιονίζει. ας φτιάξουμε ένα χιονάνθρωπο!

Chionízei. as ftiáxoume éna chionánthropo!

(It's snowing; Let's buiLd a snowman!)

Ο άνεμος φυσάει δυνατά.

O ánemos fysáei dynatá.

(The wind is bLowing strongLy)

Είναι μια συννεφιασμένη μέρα.

Eínai mia synnefiasméni méra.

(It's a cLoudy day)

Έχει πολύ ζέστη σήμερα. Πάμε για κολύμπι.

Échei poLý zésti símera. Páme gia koLýmpi.

(It's very hot today; Lets's go swimming)

Κάνει κρύο. Χρειάζομαι ένα μπουφάν.

Kánei krýo. Chreiázomai éna boufán.

(It's cold; i need a jacket)

Ο καιρός είναι τέλειος για πικνίκ.

O kairós éinai téleios gia pikník.

(The weather is perfect for a picnic)

Μη ξεχάσετε την ομπρέλα σας.

Mi xechásete tin ompréla sas.

(Don't forget your umbrella)

Πώς είναι ο καιρός σήμερα;

Pós éinai o kairós símera?

(What's the weather like today?)

Υπάρχουν τέσσερις εποχές: άνοιξη, καλοκαίρι, φθινόπωρο και χειμώνας.

Ypárchoun tésseris epochés: ánoixi, kalokaíri, fthinóporo kai cheimónas.

(There are four seaseons: spring, summer, autumn, and winter)

Η άνοιξη είναι η εποχή των λουλουδιών και των νέων ξεκινημάτων.

I ánoixi éinai i epochí ton Louloudión kai ton néon xekinimáton.

(Spring is the season of flowers and new beginnings)

Το καλοκαίρι, πηγαίνουμε στην παραλία ή στην πισίνα.

To kaLokaíri, pigaínoume stin paraLía í stin pisína.

(In summer, we go to the beach or the pooL)

Το φθινόπωρο τα φύλλα αλλάζουν χρώμα και πέφτουν.

To fthinóporo ta fýLLa aLLázoun chróma kai péftoun.

(Autumn is when the Leaves change coLor and faLL)

Ο χειμώνας είναι η εποχή του χιονιού και των διακοπών.

O cheimónas eínai i epochí tou chionioú kai ton diakopón.

(Winter is the season of snow and hoLidays)

Ποια είναι η αγαπημένη σου εποχή?

Poia eínai i agapiméni sou epochí?

(What's you favorite season?)

Μου αρέσει να φοράω σορτς και κοντομάνικο το καλοκαίρι.

Mou arései na foráo sorts kai kontomániko to kaLokaíri.

(I Like to wear shorts and a T-shirt in summer)

Το χειμώνα φοράω παλτό και γάντια.

To cheimóna foráo paLtó kai gántia.

(In winter, i wear a coat and gLoves)

Ζώα και Φύση
Zóa kai Fýsi
(AnimaLs and Nature)

Το αγαπημένο μου ζώο είναι η γάτα.

To agapiméno mou zóo éinai i gáta.

(My favorite animaL is the Cat)

Έχω ένα κατοικίδιο σκύλο/γάτα.

Écho éna katoikídio skýLo/gáta.

(I have a pet dog)

Το όνομα του κατοικίδιου μου είναι Μπρούνο.

To όnoma tou katoikídiou mou éinai Broúno.

(My pet's name is Bruno)

Μου αρέσει να πηγαίνω στο ζωολογικό κήπο για να δω τα ζώα.

Mou arései na pigaíno sto zooLogikó kípo gia na do ta zóa.

(I Love going to the zoo to see animaLs.)

Μερικά ζώα ζουν στο δάσος ή στη ζούγκλα.

Meriká zóa zoun sto dásos í sti zoúnkLa.

(Some animaLs Live in the forest or the jungLe)

Τα ψάρια ζουν στο νερό.

Ta psária zoun sto neró.

(Fish Live in the water)

Τα πουλιά μπορούν να πετάξουν στον ουρανό.

Τα pouliá boroún na petáxoun ston ouranó.

(Birds can fly in the sky)

Είδα έναν σκίουρο/λαγουδάκι στο πάρκο.

Eída énan skíouro/Lagoudáki sto párko.

(I saw a squirrel/bunny in the park)

Τα ζώα μπορεί να είναι άγρια ή εξημερωμένα.

Τα zóa boreí na eínai ágria í eximeroména.

(Animals can be wild or domesticated)

Ποιο είναι το αγαπημένο σου ζώο;

Poio eínai to agapiméno sou zóo?

(What's your favorite animal?)

Μου αρέσει να πηγαίνω βόλτα στο πάρκο.

Mou arései na pigaíno vólta sto párko.

(I Love to go for a walk in the park)

Τα δέντρα μας προσφέρουν σκιά και οξυγόνο.

Τα déntra mas prosféroun skiá kai oxygóno.

(Trees give us shade and oxygen)

Τα λουλούδια ανθίζουν την άνοιξη.

Ta Louloúdia anthízoun tin ánoixi.

(FLowers bLoom in the spring)

Μου αρέσει να βλέπω το ηλιοβασίλεμα/την ανατολή.

Mou arései na vLépo to iLiovasíLema/tin anatoLí.

(I Like to watch the sunset/sunrise)

Μου αρέσει η πεζοπορία στα βουνά.

Mou arései i pezoporía sta vouná.

(I enjoy hiking in the mountains)

Ο ωκεανός είναι απέραντος και γεμάτος ζωή.

O okeanós éinai apérantos kai gemátos zoí.

(The ocean is vast and fuLL of Life.)

Μου αρέσει να εξερευνώ τη φύση με τους φίλους μου.

Mou arései na exerevnó ti fýsi me tous fíLous mou.

(I Love to expLore nature with my friends)

Είναι σημαντικό να φροντίζουμε το περιβάλλον μας.

Éinai simantikó na frontízoume to perivάLLon mas.

(It's important to take care of our environment)

Ζητώντας βοήθεια
Zitóntas voítheia
(Asking for Help)

Μπορείτε να με βοηθήσετε, παρακαλώ;

Boreíte na me voithísete, parakaló?

(Can you help me, please?)

Χρειάζομαι βοήθεια με την εργασία μου.

Chreiázomai voítheia me tin ergasía mou.

(I need help with my homework)

Δεν καταλαβαίνω αυτήν την ερώτηση.

Den katalavaíno aftín tin erótisi.

(I don't understand this question)

Μπορείτε να μου το εξηγήσετε;

Boreíte na mou to exigísete?

(Can you explain it to me?)

Μπορείτε να μου δείξετε πώς να το κάνω;

Boreíte na mou deíxete pós na to káno?

(Can you show me how to do it?)

Έχω χαθεί. Μπορείς να με βοηθήσεις να βρω το δρόμο μου;

Écho chatheí. Boreís na me voithíseis na vro to drómo mou?

(I'm lost; can you help me find my way?)

Με συγχωρείται, που είναι η τουαλέτα/βιβλιοθήκη?

Me synchoreítai, pou eínai i toualéta/vivliothíki?

(Excuse me, where is the restroom/Library?)

Μπορείτε να το επαναλάβετε, παρακαλώ?

Boreíte na to epanalávete, parakaló?

(Can you repeat that, please?)

Δεν μπορώ να φτάσω το πάνω ράφι. Μπορείς να με βοηθήσεις?

Den boró na ftáso to páno ráfi. Boreís na me voithíseis?

(I can't reach the top shelf; can you help me?)

Δεν νιώθω καλά. Μπορείς να βρεις κάποιον ενήλικα?

Den niótho kalá. Boreís na vreis kápoion enílika?

(I'm not feeling well; Can you get a grown-up?)

Μπορείτε να με βοηθήσετε να το μεταφέρω?

Boreíte na me voithísete na to metaféro?

(Can you help me carry this?)

Χρειάζομαι βοήθεια για να δέσω τα παπούτσια μου.

Chreiázomai voítheia gia na déso ta papoútsia mou.

(I need help tying my shoes)

Πώς γράφεται αυτή η λέξη?

Pós gráfetai aftí i Léxi?

(How do you speLL this word?)

Μπορώ να δανειστώ ένα μολύβι/στυλό, παρακαλώ?

Boró na daneistó éna moLývi/styLó, parakaLó?

(Can i borrow penciL/pen, pLease?)

Χρειάζομαι βοήθεια με αυτή την εργασία. Μπορείς να μου πεις μερικές ιδέες?

Chreiázomai voítheia me aftí tin ergasía. Boreís na mou peis merikés idées?

(I need heLp with this project; can you give me some ideas?)

Δεν μπορώ να βρω το βιβλίο μου. Μπορείς να με βοηθήσεις να το ψάξω?

Den boró na vro to vivLío mou. Boreís na me voithíseis na to psáxo?

(I can't find my book; can you heLp me Look for it?)

Μπορείτε να με βοηθήσετε να καθαρίσω αυτό το χάος?

Boreíte na me voithísete na katharíso aftó to cháos?

(Can you heLp me cLean up this mess?)

Ξέχασα το μεσημεριανό μου. Μπορούμε να μοιραστούμε το δικό σου?

Xéchasa to mesimerianó mou. Boroúme na moirastoúme to dikó sou?

(I forgot my Lunch; can i share yours?)

Στην Τάξη
Stin Táxi
(In the CLassroom)

Η τάξη μου είναι στην αίθουσα πέντε.

I táxi mou éinai stin áithousa pénte.

(My cLassroom is in room no:5)

Το όνομα του δασκάλου μου είναι Μανώλης.

To ónoma tou daskálou mou éinai ManóLis.

(My teacher name is ManoLis)

Έχουμε είκοσι μαθητές στην τάξη μας.

Échoume éikosi mathités stin táxi mas.

(We have 20 students in our cLass)

Κάθομαι δίπλα στην Παναγιώτα στην τάξη.

Káthomai dípLa stin Panagióta stin táxi.

(I sit next to my friend Panagiota in cLass)

LANGUAGES

MATH

SCIENCE

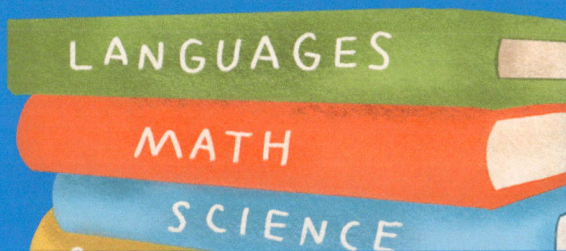

Μαθαίνουμε τα μαθηματικά, φυσική και αγγλικά.

Mathaínoume ta mathimatiká, fysikí kai angLiká.

(We Learn about math, science and engLish)

ERASER

Χρειάζομαι μολύβι, γόμα και τετράδιο για το μάθημα.

Chreiázomai moLývi, góma kai tetrádio gia to máthima.

(I need a penciL, eraser, and notebook for cLass)

Ακούω προσεκτικά τις οδηγίες του δασκάλου.

Akoúo prosektiká tis odigíes tou daskáLou.

(I Listen carefuLly to the teacher's instruction)

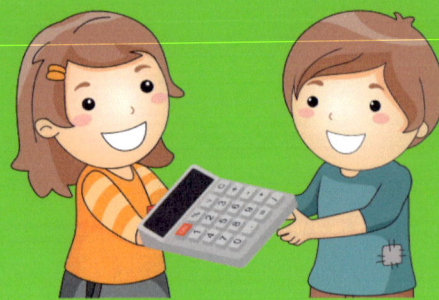

Μπορώ να δανειστώ τον χάρακα/αριθμομηχανή σου?

Boró na daneistó ton cháraka/arithmomichaní sou?

(Can i borrow your ruLer/caLcuLator?)

Παρακαλούμε να είστε ήσυχοι κατά τη διάρκεια του μαθήματος.

ParakaLoúme na eíste ísychoi katá ti diárkeia tou mathímatos.

(PLease be quite during cLass)

Σηκώστε το χέρι σας αν έχετε κάποια ερώτηση.

Sikóste to chéri sas an échete kápoia erótisi.

(Raise your hand if you have a question)

Παραδώστε την εργασία σας στην αρχή του μαθήματος.

Paradóste tin ergasía sas stin archí tou mathímatos.

(Turn in your homework at the beginning of cLass)

Η τάξη μας επισκέπτεται τη βιβλιοθήκη κάθε Τρίτη.

I táxi mas episképtetai ti vivLiothíki káthe Tríti.

(Our cLass goes to the Library on Tuesday)

Έχω μια παρουσίαση στη Φυσική την επόμενη βδομάδα.

Écho mia parousíasi sti Fysikí tin epómeni vdomáda.

(I have a presentation on Physics next week.)

Έχουμε ομαδική εργασία στη Χημεία.

Échoume omadikí ergasía sti Chimeía.

(We have a team work in Chemistry)

Έχουμε τεστ ή κουίζ στα αγγλικά.

15. Échoume test í kouíz sta angliká.

(We have a test or quiz on English)

Παρακαλώ μοιράστε τα έντυπα εργασίας στην τάξη.

Parakaló moiráste ta éntypa ergasías stin táxi

(Please hand out the worksheets to the class)

Πρέπει να διαβάσω για τις εξετάσεις μου.

Prépei na diaváso gia tis exetáseis mou.

(I need to study for my exams)

Μου αρέσει να μαθαίνω από τους συμμαθητές μου.

Mou arései na mathaíno apó tous symmathités mou.

(I enjoy learning from my classmates.)

Γύρω από το Σπίτι
Gýro apó to Spíti
(Around the House)

Μένω σε μονοκατοικία/διαμέρισμα.

Méno se monokatoikía/diamérisma.

(I Live in a house/apartment)

Η κρεβατοκάμαρά μου είναι πάνω/κάτω.

I krevatokámará mou éinai páno/káto.

(My bedroom is upstairs/downstairs)

Μοιράζομαι το δωμάτιο με τον αδελφό/την αδελφή μου.

Moirázomai to domátio me ton adeLfó/tin adeLfí mou.

(I share a room with my sibLings)

Το αγαπημένο μου μέρος στο σπίτι είναι η κρεβατοκάμαρά μου.

To agapiméno mou méros sto spíti éinai i krevatokámará mou.

(My favorite pLace at home is my bedroom)

Βοηθάω στις δουλειές του σπιτιού, όπως το πλύσιμο των πιάτων.

Voitháo stis douLeiés tou spitioú, ópos to pLýsimo ton piáton.

(I heLp with chores Like washing the dishes)

Καθαρίζω το δωμάτιο μου κάθε βδομάδα.

Katharízo to domátio mou káthe vdomáda.

(I cLean my room every week)

Έχω αυλή πίσω/μπροστά.

Écho avlí píso/brostá.

(I have backyard/frontyard where i play)

Τρώμε βραδινό παρέα στην τραπεζαρία.

Tróme vradinó paréa stin trapezaría.

(We eat dinner together in the dining room)

Βλέπω τηλεόραση στο σαλόνι.

VLépo tiLeórasi sto saLóni.

(I watch TV in the Living room)

Ο μπαμπάς/η μαμά μου μαγειρεύει στην κουζίνα.

O bampás/i mamá mou mageirévei stin kouzína.

(My mom/dad cooks in the kitchen)

Κάνω τα μαθήματα μου στο γραφείο μου.

Káno ta mathímata mou sto grafeío mou.

(I do my homework at my desk)

Έχω μια βιβλιοθήκη με τα αγαπημένα μου βιβλία.

Écho mia vivLiothíki me ta agapiména mou vivLía.

(I have a booksheLf with my favorite books)

Έχουμε ένα γκαράζ/υπόγειο σαν αποθήκη.

Échoume éna nkaráz/ypógeio san apothíki.

(We have a garage/basement for storage)

Έχουμε κατοικίδιο που ζει μαζί μας.

Échoume katoikídio pou zei mazí mas.

(I have a pet that Lives with us)

Ποτίζω τα φυτά στον κήπο μας.

Potízo ta fytá ston kípo mas.

(I water the pLant in our garden)

Έχουμε κούνιες/παιδική χαρά στην αυλή μας.

Échoume koúnies/paidikí chará stin avLí mas.

(We have a swing set/pLayground in our yard)

Η μαμά/ο μπαμπάς μου δουλεύει από το σπίτι στο γραφείο.

I mamá/o bampás mou douLévei apó to spíti sto grafeío.

(My mom/dad works from home in the office)

Βοηθάω με τα πλυντήρια και το δίπλωμα των ρούχων.

Voitháo me ta pLyntíria kai to dípLoma ton roúchon.

(I heLp with Laundry and foLding cLothes)

Μέρες της Εβδομάδας
Méres tis Evdomádas
(Days of the Week)

7

Η εβδομάδα έχει εφτά μέρες.
I evdomáda échei eftá méres.
(There are seven days in a week)

Monday
Tuesday
Wednesday
Thursday
Friday
Saturday
Sunday

Οι μέρες της βδομάδας είναι:
Oi méres tis vdomádas eínai:
(The days of the week are:)

THU

Σήμερα είναι Πέμπτη.
Símera eínai Pémpti.
(Today is Thursday)

WED

Χτες ήταν Τετάρτη.
Chtes ítan Tetárti.
(Yesterday was Wednesday)

FRI

Αύριο θα είναι Παρασκευή.
Ávrio tha eínai Paraskeví.
(Tomorrow will be Friday)

Mon
Tue
Wed
Thu
Fri

Πάω σχολείο από Δευτέρα ως Παρασκευή.
Páo scholeío apó Deftéra os Paraskeví.
(I go to school from Monday to Friday)

Weekend

Sat

Sun

Το Σαββατοκύριακο είναι το Σάββατο και η Κυριακή.

To Savvatokýriako eínai to Sávvato kai i Kyriakí.

(The weekend is Saturday and Sunday)

FRI

Η αγαπημένη μου μέρα της βδομάδας είναι η Παρασκευή.

I agapiméni mou méra tis vdomádas eínai i Paraskeví.

(My favorite day of the week is Friday)

Τι μέρα είναι σήμερα?

Ti méra eínai símera?

(What day is it today?)

SUN

Έχουμε κανονίσει για την Κυριακή.

Échoume kanonísei gia tin Kyriakí.

(We have pLaydate on Sunday)

12

Ο χρόνος έχει δώδεκα μήνες.

O chrónos échei dódeka mínes.

(There are tweLve months in a year)

JANUARY   FEBRUARY

MARCH   APRIL   MAY

JUNE   JULY   AUGUST

SEPTEMBER   OCTOBER

NOVEMBER   DECEMBER

Οι μήνες του χρόνου είναι:

Oi mínes tou chrónou eínai:

(The month of the year are)

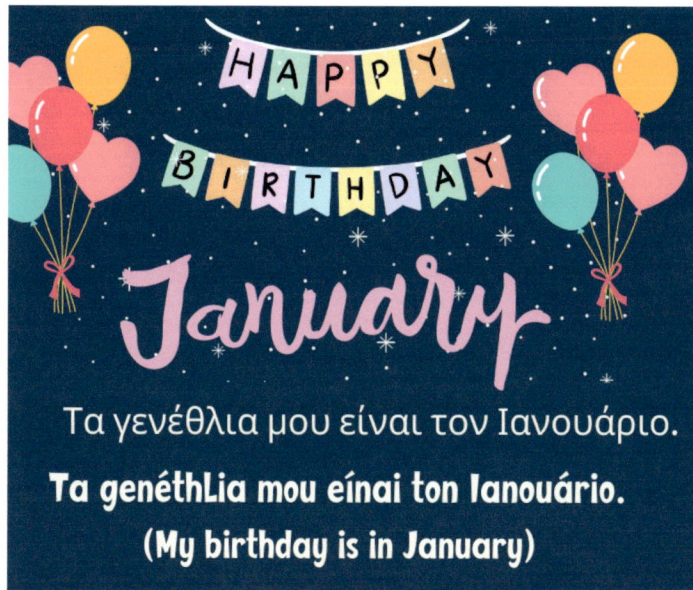

Τα γενέθλια μου είναι τον Ιανουάριο.

Τα genéthlia mou eínai ton Ianouário.

(My birthday is in January)

Σήμερα είναι έντεκα Μαΐου.

Símera eínai énteka Maḯou.

(Today is the eleventh of May)

Ο επόμενος μήνας είναι ο Ιούνιος.

O epómenos mínas eínai o Ioúnios.

(Next month is June)

Ο προηγούμενος μήνας ήταν ο Απρίλιος.

O proigoúmenos mínas ítan o AprílIos.

(Last month was April)

Η σχολική χρονιά ξεκινάει τον Σεπτέμβριο.

I scholikí chroniá xekináei ton Septémvrio.

(The School year starts in September)

Η σχολική χρονιά τελειώνει τον Ιούνιο.

I scholikí chroniá teleiónei ton Ioúnio.

(The school year ends in June)

Ταξίδια και Μετακίνηση
Taxídia kai Metakínisi
(Travel and Transportation)

Φεύγουμε για ταξίδι.
Févgoume gia taxídi.
(We are going on a trip)

Ταξιδεύω με αυτοκίνητο/λεωφορείο/
τρένο/αεροπλάνο.
**Taxidévo me aftokínito/Leoforeío/tréno
/aeropLáno.**
(I'm travelLing by car/bus/train/pLane)

Ποτίζω τα φυτά στον κήπο μας.
Prépei na ftiáxo ti valítsa mou.
(I need to pack my suitcase)

Μένουμε σε ξενοδοχείο.
Ménoume se xenodocheío.
(We are staying at a hoteL)

Έχω πάει στην Μαδρίτη, στην Ισπανία.
Écho páei stin Madríti, stin Ispanía.
(I have been to Madrid, Spain)

Θα επισκεφθούμε την Ακρόπολη.
Tha episkefthoúme tin AkrópoLi.
(We are going to visit AcropoLis)

Το αγαπημένο μου μέρος για διακοπές είναι η Κρήτη.
Το agapiméno mou méros gia diakopés eínai i Kríti.
(MY favorite vacation spot is Crete)

Πήγαμε στη θάλασσα/στα βουνά στις διακοπές μας.
Pígame sti thálassa/sta vouná stis diakopés mas.
(We went to the sea/Mountain during our trip)

Μου αρέσει να εξερευνώ νέα μέρη.
Mou arései na exerevnó néa méri.
(I Like to expLore new pLaces)

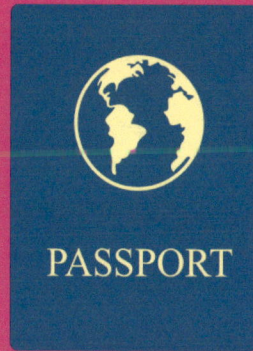

Έχω διαβατήριο για διεθνείς προορισμούς.
Écho diavatírio gia diethneís proorismoús.
(I have a passport for international trip)

Πάω στο σχολείο με λεωφορείο/ποδήλατο/τα πόδια.
Páo sto schoLeío me Leoforeío/podíLato/ta pódia.
(I go to schooL by bus/bike/waLking)

Η μαμά/ο μπαμπάς μου με πάνε στο σχολείο.
I mamá/o bampás mou me páne sto schoLeío.
(My mom/dad drives me to schooL)

Μου αρέσει να κάνω ποδήλατο στη γειτονιά μου.

Mou arései na káno podíLato sti geitoniá mou.

(I Like to ride my bike around the neighborhood)

Παίρνουμε το μέτρο/τρένο για την πόλη.

Paírnoume to métro/tréno gia tin póLi.

(We take the subway/train to the city)

Έχουμε οικογενειακό αυτοκίνητο.

Échoume oikogeneiakó aftokínito.

(We have a famiLy car)

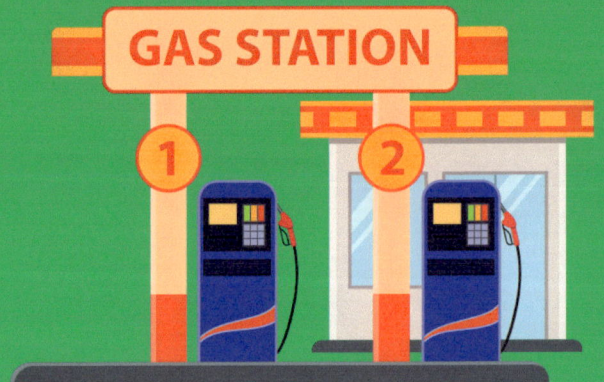

GAS STATION

1 2

Πρέπει να γεμίσουμε το αυτοκίνητο με βενζίνη.

Prépei na gemísoume to aftokínito me venzíni.

(We need to fiLL the car with gas)

Για τις μετακινήσεις μας χρησιμοποιούμε τα μέσα μαζικής μεταφοράς.

Gia tis metakiníseis mas chrisimopoioúme ta mésa mazikís metaforás.

(We use pubLic transportation to get around)

Φοράω κράνος όταν οδηγώ το μηχανάκι/σκούτερ μου.

Foráo krános ótan odigó to michanáki/skoúter mou.

(I wear a heLmet when i ride my bike/scooter)

Γενέθλια και Γιορτές
Genéthlia kai Giortés
(Birthdays and Holidays)

March

Τα γενέθλιά μου είναι στις έξι Μαρτίου.

Ta genéthliá mou éinai stis éxi Martíou.

(My birthday is on the 6 of the March)

Θα γίνω τριάντα χρονών.στον κήπο μας.

Tha gíno triánta chronón.

(I'm turning 13 years old)

Θα κάνω πάρτι γενεθλίων.
Tha káno párti genethlíon.
(I'm having a birthday party)

BIRTHDAY PARTY

YOU ARE INVITED!

Είσαι καλεσμένος στο πάρτι γενεθλίων μου.

Eísai kalesménos sto párti genethlíon mou.

(You're invited to my birthday party)

HAPPY BIRTHDAY

Θέλω ένα καλοκαιρινό πάρτι γενεθλίων.

Thélo éna kalokairinó párti genethlíon.

(I want a Summer theme birthday party)

Θα ήθελα ακουστικά σαν δώρο γενεθλίων.

Tha íthela akoustiká san dóro genethlíon.

(I would like Headphones a birthday present)

Θα φάμε κέικ και παγωτό.

Tha fáme kéik kai pagotó.

(We wiLL have cake and ice cream)

Θα παίξουμε παιχνίδια στο πάρτι.

Tha paíxoume paichnídia sto párti.

(We wiLL pLay games at my party)

Χρόνια σου πολλά!

Chrónia sou poLLá!

(Happy Birthday to you)

Σ' ευχαριστώ για το δώρο γενεθλίων.

S' efcharistó gia to dóro genethlíon.

(Thankyou for the birthday gift)

Η αγαπημένη μου γιορτή είναι τα Χριστούγεννα.

I agapiméni mou giortí éinai ta Christoúgenna.

(My favorite hoLiday is chirstmas)

Γιορτάζουμε τα Χριστούγεννα

Giortázoume ta Christoúgenna

(We ceLebrate chirstmas in December)

Κάνουμε πλάκες ή κέρασμα το Χαλοουίν.

Kánoume plákes í kérasma to ChaLoouín.

(We go trick-or-treating on HaLLoween)

Τρώμε γαλοπούλα την Ημέρα των Ευχαριστιών.

Tróme galopoúla tin Iméra ton Efcharistión.

(We eat turkey on Thanksgiving day)

Ψάχνουμε για αυγά το Πάσχα.

Psáchnoume gia avgá to Páscha.

(We hunt for eggs for Easter)

Παρακολουθούμε τα πυροτεχνήματα την Τετάρτη Ιουλίου.

ParakoLouthoúme ta pyrotechnímata tin Tetárti IouLíou.

(We watch fireworks on the fourth of JuLy)

Ανταλλάσσουμε κάρτες την ημέρα του Αγίου Βαλεντίνου.

AntaLLássoume kártes tin iméra tou Agíou VaLentínou.

(We exchange cards on VaLentine's day)

Δίνουμε ευχαριστίες και τρώμε μαζί κατά τη διάρκεια των Χριστουγέννων.

Dínoume efcharistíes kai tróme mazí katá ti diárkeia ton Christougénnon.

(We have a famiLy gathering during the hoLidays)

Made in United States
Troutdale, OR
01/21/2025